Möhrenpesto und Maronicreme

35 vegetarische Brotaufstriche

Susanne Heindl * Sabine Fuchs

Jan Thorbecke Verlag

VERLAGSGRUPPE PATMOS

PATMOS
ESCHBACH
GRÜNEWALD
THORBECKE
SCHWABEN

Die Verlagsgruppe
mit Sinn für das Leben

2. Auflage 2014
Alle Rechte vorbehalten
© 2013 Jan Thorbecke Verlag der Schwabenverlag AG, Ostfildern
www.thorbecke.de

Gestaltung: FUCHS_DESIGN, München
Druck: Süddeutsche Verlagsgesellschaft, Ulm
Hergestellt in Deutschland
ISBN 978-3-7995-0235-1

Inhalt

Vorwort

Haben Sie Lust auf eine leckere Brotzeit? Aber zur Abwechslung mal ohne Schinken, Wurst oder Käse? Sie werden staunen, welche Vielfalt an Zutaten für Brotaufstriche die Natur für uns bereithält. Egal ob Kräuter, Hülsenfrüchte, Gemüse oder Obst – die wertvollen und schmackhaften Inhaltsstoffe machen jede kalte Mahlzeit zum Genuss und bringen Abwechslung in die Brotzeitbox. Wir zeigen Ihnen, wie es geht – und das ganz ohne großen Zeitaufwand.

Unsere Brotaufstriche passen zu jedem Anlass: ob es zum Frühstück schnell ein Fruchtaufstrich sein soll, zum Brunch süße oder pikante Pasten oder ob Sie am Abend ein Glas Wein mit frischem Brot und leckeren Happen genießen wollen.

In den einzelnen Kapiteln unseres Buches stellen wir die Aufstriche nach Themen und Ausgangsprodukten gegliedert vor: Kräuter, Hülsenfrüchte, Gemüse für jeden Tag und alte Gemüsesorten. Schließlich noch die fruchtigen Brotaufstriche – süß und pikant.

Wir wünschen Ihnen viel Spaß beim Zubereiten. Jedes Rezept kann leicht abgewandelt oder auch mit einem anderen Gemüse kombiniert werden. Probieren Sie es aus!

Sabine Fuchs und Susanne Heindl

Kräuter aufs Brot

Petersilie, Schnittlauch, Bärlauch, Rosmarin,
Dill, Minze, Brennnessel ...

Frischkäse mit
Rosmarin und Tomate

*2 Knoblauchzehen / 2 kleine Zweige Rosmarin / Olivenöl /
3–4 sonnengetrocknete Tomaten in Öl / 200 g Frischkäse /
Salz / Pfeffer*

1. Die Knoblauchzehen häuten und fein hacken. Die Rosmarinzweige waschen, gut trocken tupfen, die Rosmarinnadeln von den Zweigen befreien und grob hacken. Dann 1 EL Olivenöl in einer Pfanne leicht erhitzen und den Knoblauch mit den Rosmarinstücken etwas anbräunen.

2. Die sonnengetrockneten Tomaten abtropfen lassen, in feine Streifen schneiden und mit dem Knoblauch-Rosmarin-Gemisch in den Frischkäse einrühren. Mit Salz und Pfeffer kräftig abschmecken.

Rosmarin: Im Gegensatz zu anderen Kräutern hat Hitze weder auf die Konsistenz noch auf den Geschmack von Rosmarin eine negative Wirkung. Ob in der Pfanne oder im Backofen, Rosmarin bleibt stabil und bekommt durch die Wärme sogar ein ganz besonderes Aroma.

Brennnessel-Frischkäse
mit klassischen Kräutern

50 g junge Brennnesseln / 6 Stängel Schnittlauch / 2 Zweige Petersilie / 2 Zweige Dill / 1 kleine Schalotte / 1 TL süßer Senf / 1 TL mittelscharfer Senf / 200 g Frischkäse / Salz / Pfeffer

1. Die Brennnesseln in einem Sieb kurz mit kochendem Wasser übergießen, gut abtropfen lassen und dann grob hacken. Die Kräuter waschen, trocken schütteln und fein hacken.

2. Die Schalotte fein würfeln und zusammen mit einer Mischung aus süßem und mittelscharfem Senf kräftig in den Frischkäse einrühren.

3. Zum Schluss die gehackten Brennnesseln sowie die Kräuter unterheben und alles mit Salz und Pfeffer abschmecken.

Brennnessel: Die Brennnessel gilt als hervorragendes Mittel zur Blutreinigung, denn durch ihren hohen Kaliumgehalt wird die Nierentätigkeit kräfig angekurbelt, und auch der Stoffwechsel kommt richtig in Schwung. Außerdem gibt der feine Geschmack der jungen Brennnesseltriebe auch Suppen und Salaten eine besondere Note.

Gurken-Minz-Quark

½ Salatgurke / 4 Zweige Minze / 250 g Speisequark
(40 % Fett i. Tr.) / etwas Saft einer frischen Zitrone / Salz /
grober schwarzer Pfeffer

ᴄᴄᴄ

1. Die Salatgurke schälen, entkernen, grob raspeln und salzen. Nun warten, bis sich der Gurkensaft absetzt. Währenddessen die Minze waschen, trocken schütteln und die Blätter in feine Streifen schneiden.
2. Dann die Gurkenstückchen ausdrücken und mit der Minze in den Quark rühren. Zum Schluss noch mit etwas Zitronensaft, Salz und Pfeffer abschmecken.

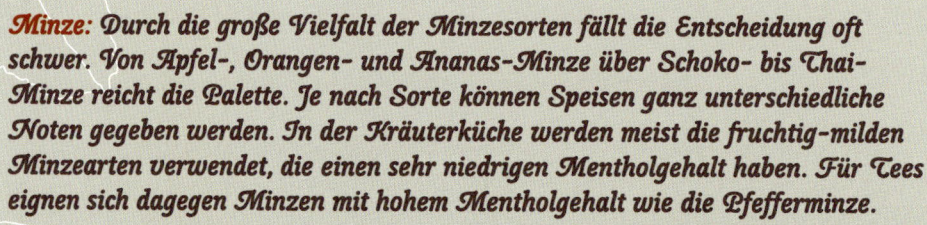

Minze: Durch die große Vielfalt der Minzesorten fällt die Entscheidung oft schwer. Von Apfel-, Orangen- und Ananas-Minze über Schoko- bis Thai-Minze reicht die Palette. Je nach Sorte können Speisen ganz unterschiedliche Noten gegeben werden. In der Kräuterküche werden meist die fruchtig-milden Minzearten verwendet, die einen sehr niedrigen Mentholgehalt haben. Für Tees eignen sich dagegen Minzen mit hohem Mentholgehalt wie die Pfefferminze.

Möhrenaufstrich
mit Schnittlauch (Möhrenpesto)

40 g gehackte Mandeln / 300 g Möhren / 2 Knoblauchzehen /
6 EL Olivenöl / 1 TL Zucker / ½ Bund Schnittlauch /
30 g Parmesan, frisch gerieben / Salz / grober schwarzer Pfeffer

1. Die Mandeln in einer beschichteten Pfanne ohne Fett goldbraun rösten.

2. Die Möhren schälen und in Stücke schneiden. Den Knoblauch häuten und würfeln. Die Möhren und den Knoblauch in 2 EL Öl leicht anbraten, den Zucker darüberstreuen und etwas karamellisieren lassen. Anschließend etwas Wasser angießen und das Gemüse so lange dünsten, bis die Karotten bissfest sind.

3. In der Zwischenzeit den Schnittlauch waschen, trocken schütteln und in feine Ringe schneiden.

4. Nun das Gemüse, die Mandeln, den Parmesan, etwas Salz und 4 EL Olivenöl in ein hohes Gefäß geben und alles mit dem Pürierstab zu einem schönen Aufstrich verarbeiten. Zum Schluss den Schnittlauch unterheben und mit grobem schwarzen Pfeffer würzen.

Schnittlauch: Wie die Zwiebel und der Knoblauch gehört Schnittlauch zu den Liliengewächsen. Jedoch ist sein Aroma sehr viel feiner und weniger zwieblig. Schnittlauch ist eine sehr robuste Kräuterart und lässt sich wunderbar im Garten oder auf der Fensterbank im Töpfchen ziehen. Da Schnittlauch eine absolute Vitamin C-Bombe und sehr vielseitig einsetzbar ist, sollte er ruhig häufig verwendet werden.

Bärlauchpesto

400 g Bärlauch / 100 g Petersilie / 75 g Pinienkerne /
100 g Parmesan / 250 g bestes Olivenöl / Salz / Pfeffer

1. Den Bärlauch und die Petersilie waschen, trocknen und fein hacken. Die Pinienkerne ohne Zugabe von Öl in einer guten Pfanne leicht anrösten. Den Parmesan reiben.

2. Den Bärlauch, die Petersilie, die Pinienkerne und den Parmesan mischen und die Mischung anschließend mit einem Mixstab und dem Olivenöl bei niedriger Geschwindigkeit vermengen. Mit Salz und Pfeffer abschmecken.

Bärlauch: Die frischen Blätter lassen sich zu einem leckeren Pesto verarbeiten, von dem man länger etwas hat. Außer als Brotaufstrich kann man es natürlich klassisch zu Nudeln verwenden oder als Geschmacksgeber im Dressing einsetzen. Und nebenbei tut Bärlauch auch noch dem Magen gut.

Radieschencreme

60 g Radieschen / 1 Kästchen Radieschensprossen /
200 g Frischkäse / 50 g Vollmilch-Joghurt / Salz / Pfeffer

1. Die Radieschen klein hacken, salzen und das Wasser auspressen.

2. Die Radieschensprossen grob hacken.

3. Den Frischkäse und den Joghurt zu einer glatten Creme verrühren und mit Salz und Pfeffer abschmecken. Zum Schluss die Radieschen und die Radieschensprossen unterheben.

Radieschen: Rot, knackig, scharf – so wie die kleine Powerknolle aussieht, wirkt sie auch. Wenn das Abendessen etwas gehaltvoller ausgefallen ist, kann man später ruhig noch ein paar Radieschen knabbern. Denn die helfen dabei, die fette Kost leichter zu verdauen, weil sie Leberstoffwechsel und Gallenproduktion anregen.

Dill-Gurke-Paprika-Frischkäse

2 Zweige Dill / ½ Salatgurke / Salz / ½ rote Paprika / Olivenöl / 300 g Frischkäse / Pfeffer

1. Den Dill waschen und trocken tupfen. Dann den Dill von den groben Zweigen befreien und fein hacken.

2. Die Salatgurke schälen, halbieren und mit einem kleinen Löffel die Kerne entfernen. Nun die Salatgurke auf einem groben Hobel raspeln, danach in eine Schüssel geben und salzen. Wenn die Gurke Wasser abgegeben hat, kann sie ausgedrückt und das Wasser abgegossen werden.

3. Die Paprika waschen, entkernen und in feine Würfel schneiden. 1 EL Olivenöl in eine beschichtete Pfanne geben, bei mittlerer Temperatur erhitzen und die Paprikawürfel leicht anbraten. Nach dem Abkühlen werden die Würfel mit dem Dill und dem Frischkäse püriert. Anschließend die Gurke in den Frischkäse rühren und mit etwas Pfeffer abschmecken.

Dill ist ein richtiges Entspannungskraut. Einerseits liefert er einen ruhigen Schlaf, aber auch dem Darm kann er Entspannung bringen. Wenn Blähungen den Körper quälen, ist Dill ein ideales Naturheilmittel.

Linsen, Bohnen, Erbsen ...

Proteine aufs Brot ...

Erbsen-Minz-Aufstrich

300 g TK-Erbsen / Salz / 2 Schalotten / 2 EL Olivenöl /
8 Blätter Minze / Ahornsirup / Pfeffer

1. Die tiefgekühlten Erbsen in etwas Wasser und 1 TL Salz ca. 10 Minuten köcheln lassen und anschließend abgießen. Die Schalotten schälen, fein würfeln und in 2 EL Olivenöl glasig dünsten. Dann die Minzblätter waschen, trocken schütteln und fein hacken.
2. Nun die Erbsen mit der gedünsteten Schalotte und der Minze pürieren und mit etwas Ahornsirup, Salz und Pfeffer abschmecken. Den Aufstrich mindestens 1 Stunde in den Kühlschrank stellen, dann schmeckt er besonders erfrischend.

Erbsen sind nicht nur lecker, sondern auch sehr gesund. Sie enthalten wenig Fett, dafür um so mehr Proteine und essentielle Aminosäuren.
Gerade bei einer fleischlosen Ernährung sind Hülsenfrüchte, wie die Erbse, unverzichtbar. Ein besonderes Plus ist der hohe Anteil an Ballaststoffen, der genügend Sättigung bringt und die Verdauung in Schwung hält.

Nur wenige wissen, dass rote Linsen eigentlich nicht rot sind. Die Schale ist meist braun oder lila und erst durch das Schälen wird der orange-rote Kern sichtbar. Leider sind Hülsenfrüchte bei Haushaltsschädlingen sehr beliebt. Deshalb sollte man beim Kauf darauf achten, dass keine mehligen Spuren am Packungsboden sichtbar sind, und die geöffnete Packung gleich in ein luftdichtes Gefäß umfüllen.

Scharfe Linsenpaste

1 kleine rote Chili / 150 g rote Linsen / ¼ l Gemüsebrühe /
1 Frühlingszwiebel / 1 kleine Mango / Salz / Pfeffer

1. Die Chilischote waschen und in kleine Ringe schneiden.
2. Die Chili und die Linsen in ¼ l Gemüsebrühe kochen, bis sie weich sind. Die Linsen pürieren.
3. Die Frühlingszwiebel hacken, die Mango würfeln und beides unter das Linsenpüree rühren. Mit Salz und Pfeffer abschmecken.

Linsenpaste mit gerösteten Sesamsamen
ohne Abbildung

100 g Pardina-Linsen / ½ weiße Zwiebel / 2 EL Olivenöl /
1 EL Weißweinessig / 1 EL mittelscharfer Senf / 1 EL Apriko-
senkonfitüre / Ahornsirup / Salz / Pfeffer / 1 EL Sesamsamen

1. Die Pardina-Linsen ohne Salz etwa 40 Minuten kochen und anschließend abgießen. Nun die Zwiebel häuten, halbieren und in feine Würfel schneiden. 2 EL Olivenöl in einer beschichteten Pfanne erhitzen, darin die Zwiebelwürfel glasig dünsten, das Ganze mit Weißweinessig ablöschen und vom Herd nehmen. Anschließend den Senf und die Aprikosenkonfitüre einrühren und die Linsen unterheben.
2. Die ganze Masse in ein höheres Gefäß geben und mit dem Zauberstab kräftig pürieren, bis eine schöne Paste entsteht. Je nach Geschmack etwas Ahornsirup zugeben und mit Salz und Pfeffer abschmecken.
3. Die Sesamsamen in einer beschichteten Pfanne anrösten und über den Aufstrich geben.

Weiße Bohnenpaste
mit dreifacher Würze

100 g weiße Bohnen, getrocknet / ½ EL Sonnenblumenöl /
¼ TL Koriander, gemahlen / ¼ TL Kreuzkümmel, gemahlen /
1 EL mittelscharfer Senf / 1 Knoblauchzehe / 2 EL Olivenöl /
Weißweinessig / Salz / grober schwarzer Pfeffer

1. Die weißen Bohnen über Nacht einweichen und am nächsten Tag nach Anleitung kochen. Das Sonnenblumenöl in einer kleinen beschichteten Pfanne erhitzen und den Koriander und Kreuzkümmel anrösten. Nun die Bohnen in ein hohes, schmales Gefäß geben und mit dem Senf und den angerösteten Gewürzen vermischen.

2. Anschließend die Knoblauchzehe häuten, durch eine Knoblauchpresse drücken und mit 2 EL Olivenöl zu der Bohnen-Gewürz-Mischung hinzufügen. Zum Schluss mit dem Pürierstab eine schöne Paste herstellen und mit etwas Weißweinessig, Salz und grobem schwarzen Pfeffer abschmecken.

Hülsenfrüchte sind der perfekte Fleischersatz. Sie enthalten sehr viel wertvolles Eiweiß, und gerade der hohe Gehalt an B-Vitaminen macht sie zur gesunden Alternative, wenn man auf Fleisch verzichten möchte.

Gemüse für jeden Tag

*Aubergine, Avocado, Pilze, Tomaten, Fenchel,
Paprika, Mais ...*

Auberginencreme

*1 große Aubergine / 3 EL Sesampaste (Tahini) / 1 Knoblauchzehe /
1 EL Zitronensaft / 1 EL Olivenöl / Salz / gemahlener Pfeffer /
3 EL Sesamsamen / ¹/₂ Bund Koriander*

1. Den Backofen vorheizen (180 °C).

2. Die Aubergine waschen und mit dem Messer ein paar Mal einschneiden. Auf dem Backblech im Ofen etwa 30 Minuten backen, bis die Haut fast schwarz ist. Die Aubergine aus dem Ofen nehmen und abkühlen lassen. Der Länge nach aufschneiden und das weiche Auberginenfleisch mit einem Löffel in eine Schüssel geben.

3. Mit der Sesampaste, der geschälten Knoblauchzehe, dem Zitronensaft und dem Olivenöl zusammen pürieren. Mit Salz und Pfeffer abschmecken. Die Sesamsamen unter die Auberginencreme rühren. Den Koriander waschen, die Blätter abzupfen und fein hacken. Einen Teil mit der Auberginencreme vermischen, den Rest daraufstreuen.

Auberginen enthalten einen hohen Anteil an löslichen Ballaststoffen. Diese löslichen Ballaststoffe kann man auch Cholesterinjäger nennen, denn sie haben die Fähigkeit, schädliches LDL-Cholesterin zu binden und aus dem Körper abzutransportieren.

Schnelle Avocado-Frischkäsecreme

1 Knoblauchzehe / 1 große reife Avocado / 1 Zitrone /
200 g Frischkäse / Salz / Pfeffer

1. Den Knoblauch schälen.

2. Die Avocado teilen und das Fruchtfleisch mit einem Löffel herauslösen und in eine Schüssel geben. Damit der Aufstrich sich nicht braun verfärbt, gleich etwas Zitronensaft über das Fruchtfleisch geben. Mit dem Frischkäse verrühren.

3. Den Knoblauch in die Frischkäsecreme pressen und mit Salz und Pfeffer abschmecken.

Die Avocadofrucht ist eine Beere und reift nicht am Baum, sondern fällt bereits grün auf den Boden. Sie gehört zu den Früchten, die nach der Ernte nachreifen. Das Nachreifen kann durch die gemeinsame Lagerung mit Äpfeln beschleunigt werden.

Pilzaufstrich

2 Lauchzwiebeln / 1 Knoblauchzehe / 100 g Austernpilze /
200 g Egerlinge / 1 EL Sonnenblumenöl / Salz / Pfeffer /
3 EL Crème fraîche / ½ Bund Petersilie

1. Die Lauchzwiebeln waschen, vom Grün befreien und in feine Ringe schneiden. Den Knoblauch häuten und fein würfeln. Die Pilze vorsichtig waschen und in dünne Scheiben schneiden. Dann das Sonnenblumenöl in einer beschichteten Pfanne erhitzen und die Pilze mit den Lauchzwiebelringen und dem Knoblauch leicht anbraten.

2. Danach die Pilzmischung kräftig salzen und pfeffern, in ein hohes Gefäß geben, 3 EL Crème fraîche hinzufügen und mit dem Pürierstab zu einem schönen Aufstrich verarbeiten. Zum Schluss nachwürzen und mit gehackter Petersilie bestreuen.

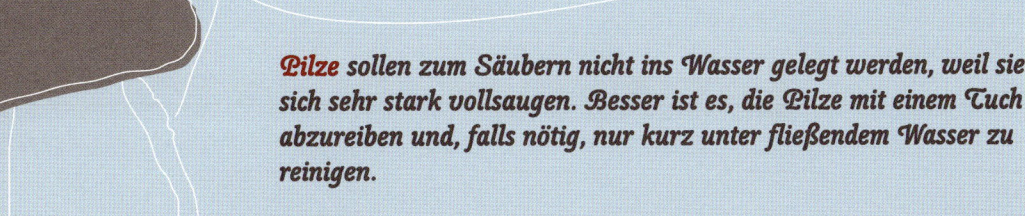

Pilze *sollen zum Säubern nicht ins Wasser gelegt werden, weil sie sich sehr stark vollsaugen. Besser ist es, die Pilze mit einem Tuch abzureiben und, falls nötig, nur kurz unter fließendem Wasser zu reinigen.*

Fetacreme mit getrockneten Tomaten und Oliven

200 g Schafskäse / 4 EL bestes Olivenöl / 1 kleines Glas entsteinte schwarze Oliven / 4 getrocknete Tomaten

cc

1. Den Schafskäse in eine Rührschüssel zerbröseln und zusammen mit dem Olivenöl pürieren.

2. Die Oliven und die getrockneten Tomaten klein hacken und unter die Schafskäsecreme ziehen.

Nach der Verordnung der EU-Kommission darf nur noch weißer Käse, der in Salzlake gereift ist und aus Schaf- und/oder Ziegenmilch besteht, als Feta bezeichnet werden. Außerdem muss der Käse auf dem griechischen Festland oder der Insel Lesbos hergestellt werden.

Fenchel ist ein richtiges Chamäleon. Er schmeckt roh völlig anders als gekocht. Als Rohkost hat er einen leichten und frischen Geschmack, der sich auch gut mit Obst kombinieren lässt. Sobald er gekocht oder gebraten wird, entwickelt er eine wunderbare Anisnote, die vielen vom Fencheltee bekannt ist.

Fenchelaufstrich

2 Fenchelknollen / 2 EL Olivenöl / 1 mehlige Kartoffel, gekocht und geschält / Salz / 15 g frisch geriebener Parmesan / Pfeffer / etwas Saft einer frischen Zitrone

1. Die Fenchelknollen waschen, vom Grün befreien und in Scheiben schneiden. 2 EL Olivenöl in einer beschichteten Pfanne erhitzen und den Fenchel goldbraun anbraten. Dann die Kartoffel in Scheiben schneiden, zum Fenchel in die Pfanne geben und alles kräftig salzen.

2. Anschließend die Fenchel-Kartoffel-Mischung in ein hohes Gefäß geben, den Parmesan hinzufügen und das Ganze mit dem Pürierstab kräfig zerkleinern. Eventuell noch mit Salz, Pfeffer und etwas Zitronensaft nachwürzen.

Fenchelcreme

ohne Abbildung

1 große Fenchelknolle / ½ TL Gemüsebrühe / ½ Zitrone / 1 kleines Glas Kapern

1. Den Fenchel klein schneiden und in der Gemüsebrühe weich kochen.

2. ½ Zitrone auspressen. Den gekochten Fenchel pürieren und mit dem Zitronensaft vermischen. 1 TL Kapern hacken und unter die Fenchelcreme rühren.

Paprika-Aufstrich (Tapenade)

2 rote Paprikaschoten / 1 Knoblauchzehe / 30 g Mandeln,
gestiftelt / 1 EL Olivenöl / Salz / Pfeffer

1. Die Paprikaschoten waschen und halbieren, den Stiel entfernen und die Schoten entkernen. Nun die Paprikaschoten mit der Hautseite nach oben auf einen mit Backpapier ausgelegten Rost legen. Die Paprikahälften so lange unter dem Grill des Backofens rösten, bis die Haut leicht schwarz wird und Blasen wirft. Die Paprikaschoten herausnehmen und anschließend mit einem feuchten Tuch ca. 10 Minuten bedecken, damit sich die Haut leichter entfernen lässt.

2. Währenddessen die Knoblauchzehe häuten und durch eine Knoblauchpresse drücken. Nun die Haut der Paprikaschoten mit einem Messer abziehen und die Schoten in Streifen schneiden.

3. Alle Zutaten in ein höheres Gefäß geben und mit dem Pürierstab zu einer rustikalen Paste verarbeiten. Zum Schluss kräftig mit Salz und Pfeffer abschmecken.

Wenn es mal schnell gehen muss, dann können die frischen Paprikaschoten auch durch in Öl eingelegte Paprikastücke ersetzt werden. Gute Ware findet man beim Antipasti-Stand am Markt oder im Feinkostladen. Die Paprikastücke in einem Sieb gut abtropfen lassen und kein weiteres Öl hinzufügen.

Maisaufstrich

300 g Zuckermais, tiefgefroren / Salz / 1 Knochlauchzehe /
2 EL Sauerrahm / 6 Stängel Petersilie / 2 EL Kürbiskerne /
Pfeffer / 1 TL Kürbiskernöl

1. Wasser mit etwas Salz erhitzen und den aufgetauten Zuckermais ca. 5 Minuten bissfest kochen.

2. Die Knoblauchzehe häuten, durch eine Knoblauchpresse drücken und in den Sauerrahm rühren. Die Petersilie waschen, die Blätter von den Stängeln befreien, danach grob hacken und ebenfalls in den Sauerrahm rühren.

3. Nun die gekochten Maiskörner mit dem Sauerrahm vermischen und das Ganze nur leicht mit dem Pürierstab bearbeiten, sodass ein rustikaler Aufstrich entsteht.

4. Anschließend die Kürbiskerne grob hacken und in einer beschichteten Pfanne anrösten. Zum Schluss die Kürbiskerne unterheben, den Aufstrich je nach Geschmack mit Salz und Pfeffer abschmecken und mit Kürbiskernöl beträufeln.

Mais macht die Nerven stark! Mais gehört zu den Lebensmitteln, die mit am meisten Vitamin B1 enthalten. Dadurch trägt er erheblich zur Funktion von Gehirn und Nerven bei, und noch dazu schmeckt er besonders lecker.

Avocado-Rotisseur-Creme

2 reife Avocados/etwas Saft einer Zitrone/1 Frühlingszwiebel/
1–2 TL Rotisseur-Senf/Salz/grober schwarzer Pfeffer/
evtl. 1 aromatische Tomate

1. Beide Avocados teilen, das Fruchtfleisch mit einem Löffel herauslösen und in eine Schüssel geben. Damit der Aufstrich sich nicht braun verfärbt, gleich etwas Zitronensaft über das Fruchtfleisch geben. Nun das Ganze mit einer Gabel zerdrücken und gut mischen.

2. Danach die Frühlingszwiebel waschen und in feine Ringe schneiden. Zum Schluss die Frühlingszwiebelringe und den Rotisseur-Senf in die Avocadocreme einrühren und die Creme mit Salz und grobem schwarzen Pfeffer abschmecken.

3. Besonders lecker schmeckt die Creme, wenn man noch eine aromatische Tomate in feine Würfel schneidet und unterhebt.

Rotisseur-Senf ist ein traditioneller französischer Senf. Er besteht aus Braunsaat, wobei die Saat bei der Vermahlung nur angerissen wird und dann mit Wasser, Essig, Salz und Gewürzen eingemaischt wird. Durch das fast unversehrte Senfkorn bleiben das Aroma und die Schärfe des Senfes besonders gut erhalten. Rotisseur-Senf ist deshalb nicht nur für Aufstriche und Salatdressings geeignet, sondern auch für die warme Küche.

Alte Gemüsesorten

CCC

**Petersilienwurzel, Kürbis, Rote Bete,
Sellerie, Mangold ...**

Fruchtiger Karotten-Petersilienwurzel-Aufstrich

1 Karotte (200 g), halbiert / 1 kleiner Apfel /
etwas Saft einer frischen Zitrone / 1 Petersilienwurzel (200 g) /
1 EL Frischkäse / 2 EL Walnusskerne / 1 EL milder Obstessig /
Salz / Pfeffer

1. Eine Hälfte der Karotte und den Apfel schälen und beides über den groben Hobel reiben. Anschließend gleich mit etwas Zitronensaft beträufeln, damit eine Bräunfärbung verhindert wird.

2. Die Petersilienwurzel und die zweite Karottenhälfte ebenfalls schälen, in grobe Würfel schneiden und in etwas Wasser so lange kochen, bis das Gemüse weich ist. Nachdem das Gemüse abgekühlt ist, den Frischkäse zugeben und mit dem Pürierstab eine cremige Paste herstellen.

3. Jetzt die Walnusskerne relativ fein hacken und mit dem Obstessig in die Creme rühren. Zuletzt noch die Karotten-Apfel-Raspel unterheben und mit Salz und Pfeffer abschmecken.

Petersilienwurzel mag es dunkel und feucht, deshalb ist sie im Keller oder im Gemüsefach des Kühlschranks besonders gut aufgehoben.

Meerrettich-Karotten-Frischkäse

2 große Karotten / $^1/_8$ l Gemüsebrühe / 5 EL frischer geriebener Meerrettich / 200 g Frischkäse / Salz / Pfeffer

1. Die Karotten waschen, schälen und fein würfeln. Die Hälfte der Karottenwürfel in $^1/_8$ l Gemüsebrühe kochen. Die gekochten Karottenwürfel pürieren.

2. Den Meerrettich reiben. Das Karottenpüree und den Meerretich unter den Frischkäse rühren. Die rohen Karottenwürfel unterziehen. Mit Salz und Pfeffer abschmecken.

Meerrettich gilt als altes Naturheilmittel, das die Immunabwehr stärkt und bei Erkältungserkrankungen besonders effektiv sein soll.

Kürbis-Chili-Kokospaste

2 EL Kokoscreme / 1 EL rote Chilipaste / 1 kleiner Hokkaidokürbis / Salz / Pfeffer

1. Die Kokoscreme zusammen mit der Chilipaste in einer Pfanne vorsichtig erhitzen.

2. Den Hokkaido waschen, halbieren und die Kerne mit einem Löffel entfernen. Den Kürbis mit der Schale würfeln, in die Pfanne geben und zusammen mit der Chili-Kokospaste vorsichtig anbraten, bis er weich ist. Die Kürbisstücke grob pürieren.

3. Die Creme mit Salz und Pfeffer abschmecken.

Der Hokkaido gehört zu den beliebtesten Kürbissen, weil seine Zubereitung besonders einfach ist. Im Gegensatz zu anderen Kürbisarten kann bei ihm die Schale mitgegessen werden. Wer den Geschmack weniger nussig möchte, kann die Schale entfernen.

Rote Bete-Schafskäse-Aufstrich
mit Pinienkernen

**200 g Schafskäse / 2 EL bestes Olivenöl / 100 g fertig gekochte
Rote Bete / 1 Kresse-Kästchen / Salz / Pfeffer /
Pinienkerne zum Garnieren**

1. Den Schafskäse klein krümeln und mit dem Olivenöl pürieren.

2. Die Rote Bete in kleine Stücke schneiden. Zur Schafskäsecreme geben und alles gemeinsam pürieren.

3. Die Kresse hacken und unter die Creme mischen. Mit Salz und Pfeffer abschmecken und mit Pinienkernen garnieren.

Rote Bete: Die raue Knolle wird oft unterschätzt, dabei liefert sie viele wertvolle Inhaltsstoffe. Der optimale Mix aus Folsäure, Kalium, Magnesium, Kalzium und Vitamin C machen sie besonders gesund, und zusätzlich senkt Rote Bete noch den Blutdruck.

Sellerie-Frischkäse-Aufstrich

1/8 Knolle Sellerie / 1/2 säuerliche, feste Birne / Saft einer
1/2 frischen Zitrone / 200 g Frischkäse / 1 EL Milch /
1 TL Aprikosenkonfitüre / etwas Cayennepfeffer /
20–25 g Walnusskerne

1. Die Sellerieknolle säubern und von der obersten Schicht befreien. Die Birne gut waschen und entkernen, jedoch nicht schälen. Beides nun auf einem groben Hobel raspeln und sofort mit dem Saft einer halben Zitrone vermengen, um eine Verfärbung zu verhindern.
2. Den Frischkäse, die Milch, die Aprikosenkonfitüre und etwas Cayennepfeffer zu einer glatten Creme verrühren und die Sellerie-Birnen-Mischung einrühren. Zum Schluss die Walnusskerne hacken und unter den Aufstrich heben.

Der **Knollensellerie** enthält viele ätherische Öle, die in besonders hoher Zahl in den gelben Flecken des Selleries enthalten sind. Leider werden die gelben Flecken aufgrund der unschönen Optik heute oft weggezüchtet.

Kohlrabiaufstrich

1 Kohlrabi / 1 Schalotte / 1 EL Sonnenblumenöl / Salz /
2 EL Sonnenblumenkerne / 1 mehlige Kartoffel, gekocht und geschält /
2 EL Sauerrahm / grober schwarzer Pfeffer

1. Den Kohlrabi schälen und in Würfel schneiden. Die Schalotte häuten und ebenfalls in feine Würfel schneiden. Das Sonnenblumenöl in einer beschichteten Pfanne erhitzen, die Kohlrabi- und Zwiebelwürfel gemeinsam bei mittlerer Hitze leicht anbraten und salzen.

2. Danach die Sonnenblumenkerne mit einem Hacker oder mit dem Pürierstab zerkleinern. Nun die Kartoffel in feine Scheiben schneiden und in ein höheres Gefäß geben. Anschließend das geröstete Gemüse, die Sonnenblumenkerne und 2 EL Sauerrahm zu den Kartoffelscheiben geben und mit den Pürierstab grob zerkleinern, sodass noch Kohlrabiwürfel erhalten bleiben.

3. Zum Schluss noch mit Salz und grobem schwarzen Pfeffer würzen.

Kohlrabi *ist ein typisch deutsches Gemüse. In Deuschland wird Kohlrabi nicht nur gerne gegessen, sondern hier ist auch das Hauptanbaugebiet. Von Juni bis November bekommt man auf den Märkten die heimische Freilandware, die natürlich am besten schmeckt.*

Mangoldaufstrich

800 g Mangold, möglichst zarte Blätter / 3 Knoblauchzehen /
2 EL Sonnenblumenöl / 2 EL Sojasauce / 1 EL Ahornsirup /
1 EL Sesamsamen / Salz / Pfeffer

1. Den Mangold waschen, vom Strunk befreien und die Blätter in feine Streifen schneiden. Die Knoblauchzehen häuten und fein hacken. Das Sonnenblumenöl in einer Pfanne erhitzen, den Knoblauch und den Mangold zugeben und bei mittlerer Hitze dünsten. Anschließend das Mangoldgemüse mit Sojasauce ablöschen und mit Ahornsirup beträufeln.

2. Die Sesamsamen ohne Fett in einer beschichteten Pfanne goldbraun rösten. Das Gemüse mit den Sesamsamen in ein höheres Gefäß geben und mit dem Pürierstab zu einem Aufstrich verarbeiten. Falls nötig, mit Salz und Pfeffer nachwürzen.

Mangold sollte möglichst frisch eingekauft und zügig verbraucht werden. Wichtig sind knackige, frische Blätter und Stiele ohne Flecken. Falls der Mangold doch nicht gleich verbraucht wird, kann man die Blätter in ein feuchtes Tuch einschlagen und in das Gemüsefach des Kühlschranks legen.

Früchtchen aufs Brot

CGC

Fruchtig süß – fruchtig pikant ...

Cashew-Schokocreme

2 Handvoll Cashewkerne / 100 g Zartbitterschokolade /
100 ml Sahne / 70 g Zucker

1. Die Cashewkerne hacken.
2. Die Schokolade zusammen mit der Sahne und dem Zucker in einem Topf vorsichtig bei geringer Hitze zum Schmelzen bringen. Die gehackten Nüsse unter die Schokocreme rühren. Abkühlen lassen.
3. Die Creme nicht frisch aus dem Kühlschrank verwenden, weil sie dann nicht streichfähig ist.

Manchmal muss es einfach Schokolade sein! Denn Schokolade liefert Inhaltsstoffe, die zur Ausschüttung von Glückshormonen führen.

Orangen-Mohn-Ricotta-Creme

1 Bio-Orange / 250 g Ricotta / ½ Päckchen Vanillezucker /
1 TL Mohn, lose / 2 Stängel Minze

1. Die Orange gut waschen und etwa von einem Viertel der Orange die Schale mit einer feinen Raspel abreiben. Dann die Orange schälen, filetieren, die Orangenspalten in kleine Würfel schneiden und die Flüssigkeit der Orange abtropfen lassen.

2. Den Ricotta in eine Schüssel geben und den Vanillezucker, die Orangenschale und den Mohn kräftig einrühren.

3. Die Minze waschen, trocken schütteln und von den Stängeln befreien. Anschließend die Minzeblätter grob hacken und mit den Orangenwürfeln unter die Ricottacreme heben.

Bei Rezepten mit Orangenschale als Zutat sollte man auf Bioware zurückgreifen. Denn bei den meisten konventionellen Orangen ist die Schale gewachst und enthält Konservierungsstoffe.

Rhabarber-Erdbeeraufstrich

250 g Rhabarber/250 g Erdbeeren/1 Vanilleschote/
250 g Gelierzucker für Erdbeer-Konfitüre

1. Den Rhabarber waschen, schälen und in kleine Stücke schneiden. Die Erdbeeren waschen, abtropfen lassen, entstielen und halbieren.

2. Die Vanilleschote mit einem spitzen Messer aufschneiden und mit einem Löffel das Vanillemark entnehmen.

3. Die Rhabarberstücke und die Erdbeeren zusammen mit dem Gelierzucker und der Vanille in einem großen Topf verrühren. Alles unter ständigem Rühren bei starker Hitze zum Kochen bringen. Die Marmelade muss 3 Minuten kochen. Sofort in vorbereitete große Gläser füllen. Die Gläser zuschrauben und 5 Minuten auf den Deckel stellen.

Die beste Erntezeit für **Rhabarber** *ist der Mai, wobei man sich an dem leckeren Gemüse auch bis Ende Juni erfreuen kann. Danach sollte man auf die eingelegten Varianten zurückgreifen, da der Gehalt an Oxalsäure zu hoch wird, was dem Körper schaden kann.*

Ingwer-Aprikosenaufstrich

2 cm einer fingerdicken Ingwerknolle / 250 g Aprikosen /
125 g Gelierzucker 2:1

∞∞

1. Den Ingwer schälen und hacken. Die Aprikosen halbieren und entsteinen.

2. Den gehackten Ingwer zusammen mit den Aprikosen und dem Gelierzucker in einen Topf geben. Gut verrühren. Alles unter ständigem Rühren bei starker Hitze zum Kochen bringen. 3 Minuten kochen lassen. Sofort in ein großes Glas füllen. Das Glas zuschrauben und 5 Minuten auf den Deckel stellen.

Ingwer gilt als ein Wundermittel. Ihm wird nicht nur antibiotische und immunstimulierende Wirkung nachgesagt, sondern er soll auch die Sekretion der Verdauungssäfte und die Darmbewegung fördern. Es wird auch über eine antioxidative Wirkung der Wunderknolle berichtet, das heißt, sie kann vor Krebs schützen.

Maroni-Aprikosencreme

300 g Maroni / 1 l Milch / Zucker /
7 getrocknete Aprikosen / 3 EL Sahne

1. Die Maroni an der gewölbten Seite kreuzweise einschneiden, auf ein Backblech legen und 15–20 Minuten
bei ca. 180 °C rösten. Die heißen Maroni aus dem Backofen nehmen, mit kaltem Wasser abschrecken und
schälen. Die Innenhaut muss auch entfernt werden.
2. Die Milch zuckern und zum Kochen bringen, die Maroni zugeben und bei kleiner Hitze weich kochen. Die
restliche Milch abgießen.
3. Die getrockneten Aprikosen klein hacken. Die Maroni klein schneiden und zusammen mit der Sahne
pürieren. Die Aprikosen unterrühren. Mit Zucker abschmecken.

*Falls keine Maronenzeit ist oder Zeitmangel herrscht, bieten
vakuumverpackte* **Maronen** *eine gute Alternative.*

Tomaten-Orangen-Salsa
mit schwarzen Oliven

½ weiße Zwiebel / 350 g sehr aromatische Tomaten /
2 EL Olivenöl, extra vergine / 1 EL Zitronensaft einer frischen
Zitrone / 4–5 schwarze Oliven (getrocknet, gesalzen, aus dem
türkischen Feinkostladen) / 1 Bio-Orange / Fleur de Sel /
10–12 Blätter Basilikum

1. Die halbe weiße Zwiebel in feine Würfel schneiden und beiseite stellen. Dann die Tomaten vom Stielansatz und den Kernen befreien und ebenfalls in kleine Würfel schneiden. Nun in einer Schüssel das Olivenöl mit dem Zitronensaft gut verrühren und die Zwiebel- und Tomatenwürfel unterheben.

2. Als Nächstes die Oliven entkernen, grob zerkleinern und unter die Zwiebel- und Tomatenwürfel heben.

3. Die Orange gut abwaschen und etwa von einem Viertel der Orange die Schale abreiben. Dann die Orange filetieren, in kleine Würfel schneiden und in einem kleinen Sieb die Flüssigkeit abtropfen lassen. Erst kurz vor dem Anrichten die Orangenwürfel unter die Tomatenwürfel heben, mit Fleur de Sel würzen und das grob gehackte Basilikum darübergeben.

Es gibt eine unendliche Auswahl an Oliven, die sich durch Farbe, Größe und Aroma unterscheiden. Die Farbe ist ein Kriterium des Reifegrades, denn jede Olive ist erst einmal grün und wird mit steigendem Reifegrad schwarz. Teilweise werden grüne Oliven durch Eisengluconat künstlich geschwärzt, was jedoch auf der Zutatenliste angegeben werden muss.

Chili macht bekanntlich glücklich. Zusätzlich soll Capsaicin noch bei Arthrose eine lindernde Wirkung haben und auch das Abnehmen erleichtern.

Ziegenkäse mit Honig und Mango

1 kleine Mango / ½ kleine rote Chili / ½ TL Honig /
200 g Ziegenfrischkäse

1. Die Mango schälen und in kleine Würfel schneiden. Die ½ Chili klein hacken.

2. Den Honig unter den Frischkäse rühren. Die Mangowürfel und die Chili unterheben.

Scharfe Erdnusscreme

ohne Abbildung

1 Knoblauchzehe / 1 kleine rote Chili / 125 g Erdnüsse / etwas Öl /
Salz / 1 EL Kokoscreme / 125 g Erdnussbutter /
Pfeffer / Koriander

1. Die Knoblauchzehe häuten und fein hacken. Die Chili in kleine Ringe schneiden.

2. Die Erdnüsse schälen und fein hacken. Die Erdnüsse mit etwas Öl in der Pfanne anbräunen und salzen.

3. Die Kokoscreme erhitzen und mit der Erdnussbutter verrühren. Die Chili, den Knoblauch und die Erdnüsse unter die Creme rühren. Mit Salz, Pfeffer und gehacktem Koriander abschmecken.

Bananen-Curry-Creme

2 Bananen/etwas Saft einer frischen Zitrone/2 TL Curry
(English style)/2 EL Frischkäse/1 kleine Chili

1. Die geschälten Bananen in einer Schüssel mit einer Gabel zerdrücken und gleich mit dem Saft einer frischen Zitrone beträufeln. Die Banane mit Curry bestäuben und den Frischkäse kräftig einrühren.
2. Nun die Chili waschen, entkernen und in kleine Stücke schneiden. Anschließend die Chili unter die Creme heben und, falls nötig, mit Curry nachwürzen.

Bananen machen die Nerven stark. Wenn der Blutzuckerspiegel im Keller ist und die Nerven blank liegen, ist die Banane das perfekte Hilfsmittel. Sie enthält nicht nur viele Kohlenhydrate, sondern auch besonders viel Magnesium, was den Nerven gut tut.

Rote Bete-Apfel-Aufstrich

1 EL Saft einer frischen Zitrone / 1 Apfel, säuerliche Sorte,
z.B. Elstar / 1 Rote Bete / 150 g Schmant / 1–2 TL Honig /
2 EL Pistazien

1. Die Zitrone auspressen und den Apfel gut waschen.
Die Rote Bete schälen, am besten dazu „Einmal-Hand-
schuhe" anziehen, damit sich die Hände nicht verfär-
ben. Nun den Apfel und die Rote Bete auf einem groben
Hobel raspeln und sofort mit Zitronensaft beträufeln.
2. Den Schmant in eine Schüssel geben und den Honig einrühren. Nun die überschüssige Flüssigkeit der
Rote Bete-Apfel-Mischung abgießen und die Raspel
unter den Schmant heben. Zum Schluss noch die Pistazien grob hacken und über den Aufstrich geben.

Bei **Aufstrichen,** die Obst oder Gemüse mit hohem Wasseranteil
enthalten, kann sich leicht Wasser absetzen. Durch Zugabe von
Speisestärke könnte das Wasser gebunden werden, jedoch wird
der Geschmack des Aufstrichs dadurch verändert. Die andere
Lösung ist, den Aufstrich frisch zuzubereiten und vor dem
Servieren einfach noch einmal kräftig umzurühren.

Register

Die grün markierten
Gerichte sind vegan.

Bildnachweis

S. 2 iStockphoto (Liza Mc Corkle) / *S. 8* iStockphoto (Judith Winn)

Alle weiteren Fotos: fuchs_design

Autoren

Susanne Heindl, geboren 1970, studierte Ökotrophologie in Freising-Weihenstephan. 1999 gründete sie mit zwei Studienkolleginnen die Ernährungsberatung „esslust" mit dem Motto „gutes essen – gutes leben" (www.esslust.com).

Susanne Heindl lebt mit ihrem Mann und ihren beiden Kindern in einem Vorort von München.

Sabine Fuchs, geboren 1965, studierte Grafik-Design in Nürnberg. Nach Stationen in Werbeagenturen in Seattle, Hamburg und München machte sie sich 1995 als Art-Directorin selbstständig. 2002 wurde fuchs-design gegründet; der Schwerpunkt des Designbüros ist Buchgestaltung und Corporate Design (www.fuchs-design.biz).

Sabine Fuchs lebt mit ihrem Mann und ihren beiden Töchtern in Ottobrunn bei München.